VON KLEINEN GESPENSTERN UND VAMPIREN

Geschichten von Ingrid Uebe
Mit Bildern von Maria Wissmann

Ravensburger Buchverlag

INHALTSVERZEICHNIS

NACHBARN FÜR FAMILIE GESPENST 4

EIN GEFÄHRLICHER AUSFLUG 8

GRETCHEN IM RÄUBERHAUS 12

„DIE BLÖDE SONNE!" 18

AUF DEM JAHRMARKT 22

Guggi

Gretchen
Gisbert

Tante Gerlinde
Onkel Gustav

Oma und Opa

Golo

Mama und Papa

VALENTIN ISST ANDERSWO 26
WER KANN'S BESSER? 32
ACHTUNG, KNOBLAUCH! 36
ROTER FLECK AUF WEISSEM HEMD 40
EIN AUFREGENDER GEBURTSTAG 44

Großtante Verena

Vinzenz
Vanessa

Valentin

Papa und Mama

Viktor und Viktoria

Opa und Oma

NACHBARN FÜR FAMILIE GESPENST

Auf dem hohen Berg hinter dem dunklen Tannenwald liegt ein uraltes Schloss. Dort wohnt seit vielen Jahren kein Mensch mehr. Dort wohnen nur noch Gespenster. Und zwar eine große Familie: Papa und Mama Gespenst mit ihren vier Kindern – Golo, Gretchen, Gisbert und Guggi. Außerdem Oma und Opa Gespenst, Onkel Gustav und Tante Gerlinde.

Das Schloss ist schon ziemlich kaputt. Seine Mauern sind voller Ritzen und Löcher. Die Fenster haben weder Rahmen noch Scheiben und die Treppe wackelt bedenklich. Es regnet durchs Dach und der Wind pfeift über den Flur bis in sämtliche Zimmer.

Manche Leute würden sagen: „Oh, wie es hier aussieht!" Oder: „Nein, wie es hier zieht!" Aber den Gespenstern macht das alles nichts aus. Im Gegenteil. Sie finden es im Schloss ausgesprochen gemütlich. Sie wohnen ganz oben im Turm. Es gefällt ihnen, dass sie von dort ganz weit gucken können. Selbst nachts, wenn es dunkel ist! Gespenster haben nämlich Augen wie Katzen. Auch wenn der Mond nicht scheint, sehen sie jeden, der unten vorbeikommt. Und dann freuen sie sich. Es macht ihnen Spaß, wenn sie die Menschen erschrecken können. Sie sind stolz, dass die größten Männer, die dicksten Frauen und die mutigsten Kinder vor ihnen davonlaufen.

„Leider laufen auch die Kinder davon!", hat Gretchen Gespenst neulich zu ihrem Bruder Golo gesagt. „Wie es wohl wäre, mit Menschenkindern zu spielen?"

Aber Golo hat sich an die Stirn getippt und gerufen: „Du spinnst wohl! Menschenkinder sollen sich vor uns gruseln und nicht mit uns spielen!"

Da hat Golo natürlich Recht. Trotzdem findet Gretchen es schade. Sie hat bis jetzt nur mit ihren drei Geschwistern gespielt. Immer dasselbe! Das war manchmal sehr langweilig. Mit ein paar fremden Kindern und ein paar neuen Spielen wäre das Leben im Schloss ganz bestimmt lustiger.

Gretchen hat nach dieser Unterhaltung leise geseufzt. Aber gesagt hat sie nichts mehr. Wenn schon Golo meint, dass sie spinne, was würden dann wohl erst Mama und Papa meinen? Vermutlich würden sie schimpfen und Gretchen beim Spuken fest an die Hand nehmen. Damit sie nur ja nicht versucht, mit einem Menschenkind Freundschaft zu schließen.

Also spielt Gretchen auch weiter nur mit ihren Geschwistern und spukt wie bisher mit der ganzen Familie. Das Leben im Schloss geht seinen gewohnten Gang – bis dort eines Tages, nein, eines Nachts, als die Kirchturmuhr eben zwölf schlägt, also um Mitternacht, etwas Unerwartetes und Aufregendes geschieht.

Familie Gespenst sitzt gerade beim Essen. Es gibt Spinneneintopf mit Krötenaugen, dazu schimmeliges Brot mit Rattenfett. Also wirklich sehr lecker!

Alle schlürfen und schmatzen. Aber plötzlich legt Papa Gespenst seinen Löffel hin. „Hört ihr nichts?", fragt er. „Da war was. Unten im Keller. Ich glaube, wir sind nicht allein im Schloss."

Nun hören es auch die anderen. Im Keller quietscht eine Tür. Anschließend poltert es. Und dann schleift etwas über den Boden. So als ob schwere Kisten hereingeschafft würden.

„Huh!", macht Tante Gerlinde. „Das klingt ja gruselig. Was mag das wohl sein?"

„Keine Ahnung!", sagt Papa Gespenst.

„Wahrscheinlich Einbrecher. Wir sollten gleich einmal nachsehen."

Mama Gespenst stellt den Spinneneintopf wieder auf den Herd und dann macht sich die ganze Familie auf den Weg in den Keller. Alle schweben im Gänsemarsch die lange Treppe hinunter. Sehr vorsichtig, weil die Treppe ja wackelt.

Papa Gespenst schwebt als Erster. „Nicht drängeln!", sagt er. „Keinen Lärm machen! Kinder nach hinten! Alles hört auf mein Kommando!"

So kommen sie in den Keller. Vor der eisernen Tür bleiben sie stehen. Dahinter poltert es immer noch. Poltert und schleift. Außerdem hört man jetzt Stimmen. Was gesagt wird, ist allerdings nicht zu verstehen.

„Sollen wir anklopfen?", fragt Papa Gespenst.

„Unsinn!", sagt Onkel Gustav. „Wir sind schließlich hier zu Hause." Gleichzeitig reißt er die Tür auf.

Und da sind sie – die Einbrecher! Donnerwetter, eine ganze Menge! Große und kleine. Alle von Kopf bis Fuß schwarz gekleidet: schwarze Hüte, schwarze Umhänge, schwarze Hosen und schwarze Schuhe.

„Auweia!", murmelt Oma Gespenst. „Au-au-auweia!"

Papa Gespenst tritt einen Schritt vor. „Darf ich fragen, was ihr da macht?", erkundigt er sich.

Ein großer Mann in Schwarz nimmt höflich den Hut ab und macht eine Verbeugung. „Wir stellen unsere Betten auf", sagt er. „Wir sind gerade hier eingezogen."

„Eingezogen?" Papa Gespenst schüttelt den Kopf. „Aber das geht nicht. Das Schloss wird schon bewohnt. Und zwar von mir und meiner Familie!"

„Macht ja nichts", sagt der Mann. „Ich weiß, ihr wohnt oben im Turm. Wir haben vor, im Keller zu bleiben. Da stören wir euch nicht und ihr stört uns nicht." Er lächelt und zeigt seine Zähne. Meine Güte, was hat er für seltsame Zähne!

„Auweia", murmelt jetzt auch Opa Gespenst. „Das ist ein Vampir!"

„Wir sind alle Vampire", sagt der Mann. „Und zwar eine ganze Familie. Ich bin der Papa. Das ist meine Frau. Das ist unsere Großtante Verena. Und das sind Oma und Opa."

„Du hast die Kinder vergessen!", ruft Gretchen dazwischen. „Wie heißen die Kinder?"

„Vinzenz, Vanessa und Valentin", sagt Papa Vampir. „Die beiden Kleinen sind Zwillinge. Sie heißen Viktor und Viktoria."

Gretchen strahlt und klatscht in die Hände. „Fünf Kinder! Mit denen können wir spielen."

Auch die kleinen Vampire sind sehr erfreut. „Wo gehen wir hin? Wollen wir raus auf den Schlosshof?"
Papa Gespenst kratzt sich den Kopf. „Also, ich weiß nicht … Das kommt alles ein bisschen plötzlich."
Mama Vampir lächelt ihn an. „Warum sollen unsere Kinder denn nicht zusammen spielen? Wir sind doch von heute an Nachbarn!"
Mama Gespenst meint das auch. Überhaupt findet sie die neuen Nachbarn sehr nett. Und nette Nachbarn hat sie sich, ehrlich gesagt, schon immer gewünscht. Also stellt sie sich und die eigene Familie nun auch vor und fügt freundlich hinzu: „Wenn ihr Appetit auf etwas Warmes habt, würde ich euch gern dazu einladen."

Alle Vampire stimmen begeistert zu. Sie haben heute noch nichts gegessen. Und so ein Umzug strengt an! Da schwebt Mama Gespenst gleich hinauf in den Turm und kommt mit dem Spinneneintopf zurück. Papa Vampir hat inzwischen Teller und Löffel ausgepackt und eine der Kisten als Tisch gedeckt. Bald sitzt die ganze Gesellschaft zusammen und lässt es sich schmecken.
Gegen Ende der Mahlzeit holt Mama Vampir für jeden ein Glas und füllt es mit blutrotem Saft. „Na, dann auf gute Nachbarschaft!", sagt sie.
Alle stoßen an und prosten sich zu. Die Gespenster finden zwar, dass der Saft reichlich sonderbar schmeckt. Aber das behalten sie lieber für sich. Sie wollen ja niemanden kränken.
Nach dem Essen rennen die Kinder hinaus auf den Schlosshof.
Oh, wie herrlich leuchtet der Mond!

EIN GEFÄHRLICHER AUSFLUG

Die kleinen Gespenster und die kleinen Vampire im uralten Schloss verstehen sich gut. Na ja, manchmal streiten sie sich auch. Aber das ist nicht so schlimm. Wenn man sich nachher wieder verträgt, kann man sich auch ruhig mal streiten.
Meistens spielen die Kinder alle zusammen draußen auf dem Schlosshof. Sie spielen Verstecken und Fangen. Sie fahren Dreirad und Fahrrad. Sie holen ihre sämtlichen Kuscheltiere heraus und machen ein großes Picknick. Sie fassen sich bei den Händen und singen: „Dornröschen war ein schönes Kind." Oder: „Es tanzt ein Bi-Ba-Butzemann …"
Manchmal spielen die Großen, die Mittleren und die Kleinen auch für sich. Dann spielt Golo mit Vinzenz und Vanessa, Gretchen mit Gisbert und Valentin, Guggi mit Viktor und Viktoria.
„Lasst uns bloß in Ruhe!", sagen die einen zu den anderen. Danach stecken sie die Köpfe zusammen und tuscheln – die Großen mit den Großen, die Mittleren mit den Mittleren und die Kleinen mit den Kleinen. Sie tuscheln und flüstern und wispern und erzählen sich lauter Geheimnisse.
Eines Abends, als eben der Mond aufgeht, sitzen Golo, Vinzenz und Vanessa auf der Schlossmauer und überlegen, was sie machen sollen. Ihre mittleren und kleinen Geschwister spielen drinnen im Hof. Die Erwachsenen sind ausgeflogen.
„Wir drei", sagt Golo verschwörerisch, „könnten doch auch mal einen kleinen Ausflug machen. Was haltet ihr davon?"
„Eine ganze Menge!", nickt Vinzenz.
„Gute Idee!", meint Vanessa.
Ehrlich gesagt, haben alle drei Herzklopfen. Was Golo da vorschlägt, ist ziemlich aufregend. Weil es nämlich verboten ist. Sie sollen den Hof allein nicht verlassen. Ja, auf der Mauer sitzen und runtergucken dürfen sie schon. Aber auf keinen Fall rüberfliegen! Das ist viel zu gefährlich, haben ihre Eltern gesagt.
„Also, wo wollen wir hin?", erkundigt sich Golo.
„Keine Ahnung!", sagt Vinzenz.
„Was meinst du denn?", fragt Vanessa.
„Gleich hinter dem Wald ist ein Dorf", erklärt Golo. „Ich weiß, wie man da hinkommt."

„Weißt du auch, wie man wieder zurückkommt?", fragt Vinzenz.
„Na, hör mal!", ruft Golo. „Ich bin doch nicht blöd."
Er steht auf und springt von der Mauer. Vinzenz und Vanessa springen ihm nach. Angst haben sie alle drei nicht. Schließlich können sie fliegen! Golo schwebt voraneweg. Vinzenz und Vanessa flattern hinterher. Sie schweben und flattern den Berg hinunter, über den Tannenwald – bis zum Dorf. Sie kreisen dreimal um den Kirchturm. Dann landen sie auf dem Marktplatz. Und nun überlegen sie, wo sie hingehen sollen.
Na, in ein Haus natürlich! Vielleicht in das hübsche weiße mit dem roten Dach und den grünen Fensterläden. Die sind nämlich nicht alle geschlossen. Zwei sind nur gegeneinander gelehnt und das Fenster dahinter steht einladend offen.
„Nichts wie rein!", sagt Golo. „Wir werden uns drinnen mal umgucken."
„Und wenn da noch jemand wach ist?", fragt Vanessa.
„Oder wenn er schläft und dann aufwacht?", fragt Vinzenz.
„Dann kriegt er bestimmt einen Schreck", sagt Golo, „und verkriecht sich schnell unter der Decke." Schon schlüpft er durchs Fenster.
Vanessa und Vinzenz nehmen sich bei der Hand und huschen hinter ihm her.
Im Haus ist es dunkel und still. Alle Zimmer sind leer. Keiner ist da. Auch nicht im Bett.
„Eigentlich schade!", sagt Vinzenz.
„Ja, wirklich sehr schade!", sagt Vanessa.
Golo findet das auch. Doch im Grunde sind sie alle ganz froh. So können sie sich nämlich in Ruhe umgucken – in der Küche, im Bad und in sämtlichen Zimmern. Wirklich spannend, wie die Menschen so leben! Was sie alles in der Speisekammer haben! Und im Kleiderschrank! Und in der Spielkiste!

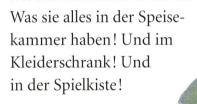

Auf dem Flur steht eine große, schwere, schwarzbraune Truhe. Vanessa und Vinzenz sind ganz begeistert. Sie finden, die Truhe sieht aus wie ein Bett. Wie gemacht für Vampire. Da möchte man sich zum Spaß gleich mal hineinlegen. Mit geschickten Fingern öffnet Vanessa das Schloss. Mit starken Armen stemmt Vinzenz den Deckel hoch. Dann klettern sie fix in die Truhe. Golo schaut kopfschüttelnd zu.
„Komm doch auch rein!", rufen die beiden Vampire. „Hier ist noch viel Platz."
Na gut, Golo möchte kein Spielverderber sein. Also steigt er auch in die Truhe.
„Deckel zu!", sagt Vanessa. „Dann ist es erst richtig gemütlich."

Ja, jetzt ist es drinnen schön dunkel. Nur ein dünner Lichtstreif fällt unter dem Deckel her durch einen schmalen Spalt in die Truhe. Die drei kuscheln sich eng aneinander. Aber an Schlafen denken sie nicht. Es ist ja noch lange nicht Tag! Mal kitzeln sie sich. Mal verknoten sie ihre Arme und Beine. Mal liegen sie still und mal kullern sie durcheinander. Und dann wollen sie wieder raus.
Aber das geht nicht!
Der Deckel lässt sich nicht heben. Das Schloss ist zugeschnappt und man kann es von innen nicht öffnen. Oh weh! In der Truhe wird es ganz still. Was sollen sie machen? Um Hilfe rufen? Oder warten, bis einer kommt? So ein Mensch, der vor

Schreck bestimmt gleich in Ohnmacht fällt, wenn er sie sieht!

„Kommt gar nicht in Frage!", sagt Golo. „Ein Gespenst ruft nicht um Hilfe. Es wartet auch nicht auf Menschen. Es kann nämlich mehr!"

Im nächsten Augenblick macht er sich dünn. Platt wie ein Blatt Papier. So schiebt er sich durch den schmalen Spalt unter dem Deckel der Truhe hinaus. Langsam, ganz langsam! Damit er bloß nicht kaputtgeht. Ah, jetzt hat er's geschafft. Und nun pustet er sich gleich wieder auf. Erst als er wieder so aussieht wie früher, macht er das Schloss auf. Und dann stemmt er den Deckel hoch. Die beiden Vampire klettern erleichtert heraus.

„Das hast du gut gemacht!", ruft Vinzenz.

„Vielen Dank auch!", ruft Vanessa.

„Keine Ursache!", sagt Golo. „Das Dünnmachen hab ich bei Tante Gerlinde gelernt. Genau wie das Dickmachen."

Und dann? Na, dann machen die drei Ausreißer, dass sie heimkommen! So schnell sie können, schweben, fliegen und flattern sie durch das Fenster – aus dem Haus, aus dem Dorf, über den Tannenwald, den Berg hinauf bis zum Schloss.

Hoffentlich hat sie noch niemand vermisst! Ihre jüngeren Geschwister spielen drinnen im Hof – immer noch oder schon wieder – mit ihren Kuscheltieren. Und die Erwachsenen sind weit und breit nicht zu sehen.

„Glück gehabt!", seufzt Golo, als sie zu dritt auf der Mauer sitzen und zufrieden in den sinkenden Mond gucken. „Wie hat euch unser Abenteuer gefallen?"

„Ganz toll!", sagt Vinzenz.

„Wunderbar!", sagt Vanessa.

Golo nickt. Vielleicht fliegen sie nächstes Mal bis in die Stadt. Obwohl sie das natürlich nicht dürfen …

GRETCHEN IM RÄUBERHAUS

Kleine Gespenster müssen viel lernen. Vor allen Dingen spuken! Spuken und alles, was damit zusammenhängt. Also heulen und jammern, rumpeln und rasseln, vom Dach fallen und durch die Wand gehen, sich dick und sich dünn machen. Und noch eine Menge mehr.

All das lernen die kleinen Gespenster von den großen. Jede Nacht. Immer aufs Neue. Golo, Gretchen, Gisbert und Guggi sind froh, dass sie nicht nur mit Mama und Papa, sondern auch noch mit Oma und Opa unter einem Dach wohnen. Und obendrein mit Onkel Gustav und Tante Gerlinde.

Bei Mama Gespenst lernen sie heulen und jammern. Keiner macht das so gut wie sie. „Huhuhuhu!", heult Mama Gespenst. Und: „Wehe, wehe, wehe!", jammert sie. Beides zum Steinerweichen.

Papa Gespenst kann fabelhaft rumpeln und rasseln. Er rumpelt mit der eisernen Kugel, die er am Bein hinter sich herzieht, und er rasselt mit der Kette, an der er sie festgemacht hat.

Oma Gespenst fällt jede Nacht mindestens fünfmal vom Dach. Mit Absicht natürlich. Und sie bleibt jedes Mal heil und gesund. Opa Gespenst geht nie durch die Tür, sondern stets durch die Wand. Die ganze Familie ist immer wieder erschrocken, wenn er so plötzlich im Zimmer steht. Tante Gerlinde kann sich mit einem Atemzug dick oder dünn machen. Eben noch war sie so rund wie ein Luftballon, da schrumpft sie plötzlich zusammen und ist nun so dünn wie ein Faden. Ja, umgekehrt schafft sie es auch.

Bleibt noch Onkel Gustav. Der kann etwas, was kein anderer kann: nämlich den Kopf abnehmen. Ehrlich, er nimmt seinen Kopf ab wie andere Leute ihren Hut. Es tut ihm kein bisschen weh!

Meist sind die vier Gespensterkinder eifrige und aufmerksame Schüler. Sie wollen ja bald genauso gut spuken können wie die Großen. Und das Lernen macht ihnen Spaß. Dass eines von ihnen sagt: „Ich hab keine Lust mehr!", ist wirklich die Ausnahme. Aber es kommt natürlich mal vor. Heute sagt Gretchen: „Ich hab keine Lust mehr!" Das heißt, eigentlich denkt sie es nur. Es laut auszusprechen traut sie sich nicht. Oma Gespenst, mit der sie gerade vom Dach fallen übt, ist ziemlich streng und würde es auch gar nicht verstehen. „Versuch's noch mal, Kind!", sagt sie ernst. „Zuerst die Arme ausbreiten, dann einen Fuß neben den anderen setzen und nun einfach über die Dachrinne ins Leere treten! Pass auf, wie ich es mache!"

Huiii, schon segelt Oma zum achten Mal an diesem Abend nach unten.

Gretchen schaut hinter ihr her und denkt: Ich hab keine Lust mehr. Und nun sagt sie es auch. Laut und deutlich: „Ich hab keine Lust mehr!" Oma hört es ja nicht auf ihrem Sturzflug in die Tiefe. Und als sie wieder oben ankommt, ist ihre Schülerin nicht mehr da.

Gretchen ist auf der anderen Seite des Schlosses einfach das Regenrohr hinuntergerutscht und hat unten im Hof Tante Gerlinde und Onkel Gustav getroffen. Die wollen gerade ausfliegen.

„Nehmt ihr mich mit?", fragt Gretchen sofort. „Ich möchte so gern wieder mal raus."
„Tja, ich weiß nicht …" Onkel Gustav kratzt sich den Kopf, der augenblicklich ganz normal auf dem Hals sitzt. „Hast du Mama und Papa gefragt?"
„Die sind in die Stadt geflogen", sagt Gretchen, „aber sie hätten bestimmt nichts dagegen."
„Und Oma?", fragt Tante Gerlinde. „Wolltet ihr heute nicht üben, wie man vom Dach fällt?"

Gretchen nickt. „Oma hat es mir achtmal vorgemacht und ich habe es achtmal nachgemacht. Beim neunten Mal ist sie dann nicht mehr wiedergekommen."
Da hat Gretchen natürlich ein bisschen geschwindelt. Oma ist ja wiedergekommen! Allerdings erst, als Gretchen schon weg war.
„Soso, dann bist du heute schon achtmal vom Dach gefallen", sagt Tante Gerlinde. „Ich denke, das reicht."
Onkel Gustav nickt Gretchen zu. Sein Kopf sitzt noch immer fest. „Meinetwegen kannst du mitfliegen. Wir spuken heute allerdings nur ganz in der Nähe."
„Im Wald?", fragt Gretchen.
„Ja, im Wald", sagt Tante Gerlinde.
„Die Luft dort bekommt uns so gut."
Gretchen ist ein bisschen enttäuscht. Sie findet es im Wald ziemlich langweilig. Aber was soll's – mit Onkel und Tante durch den Wald zu spuken, ist immer noch besser als mit Oma vom Dach zu fallen. Also schwebt Gretchen jetzt Hand in Hand mit den beiden über die Mauer, den Berg hinab und in den Wald hinein. Da ist es schön dunkel und still. Eine Eule kreist über den Tannen. Ein Fuchs streicht vorbei. Ein Igel raschelt durchs Farnkraut. Aber sonst ist leider nichts los.
„Was für eine wunderbare Luft!", ruft Onkel Gustav. „Dieser Ausflug ist die reinste Erholung."
„Du musst tief durchatmen, Kind!", sagt Tante Gerlinde und macht es gleich vor, indem sie mal dick und mal dünn wird. Gretchen ist die Luft ziemlich egal. Gretchen will auch nicht tief durchatmen. Ganz zu schweigen vom Dick- oder Dünnwerden. Gretchen denkt wie vorhin: Ich hab keine Lust mehr!
An der Waldwiese machen sie Halt. Onkel Gustav und Tante Gerlinde setzen sich unter einen Baum und halten ihre bleichen Gesichter in den silbernen Mondschein. Gretchen hüpft am Bach entlang, weiter und weiter. Anfangs winkt sie zurück oder ruft Huhu, doch als sie merkt, dass Onkel und Tante nicht auf sie Acht geben, ver-

schwindet sie fix hinter der Nusshecke. Nun ist sie allein. Und es macht ihr gar nichts aus. Im Gegenteil! Es ist schön, keinem die Hand geben zu müssen. Es ist auch schön, mit niemandem üben zu müssen, sondern einfach nur hierhin und dorthin zu schweben. Mal schnell und mal langsam. Ganz wie man will.
Gretchen hat keine Angst sich zu verlaufen. Sie kann ja fliegen! Ab und zu steigt sie steil in die Luft, hält sich an einem Baumwipfel fest und guckt, wo das Schloss liegt. Aha, dort hinten! Sie wird bestimmt mühelos zurückfinden.
Aber noch ist es zu früh! Die Kirchturmuhr schlägt ja gerade erst Mitternacht. Gretchen zählt mit. Sie kann schon lange bis zwölf zählen. Das ist für Gespenster eine wichtige Zahl. Danach schlägt es eins. Und von da an geht es Stunde für Stunde dem Morgen entgegen. Dann muss Gretchen zu Hause sein. Doch zwischen zwölf und eins braucht sie sich noch keine Sorgen zu machen. Gretchen schwebt also weiter. Leider begegnet ihr kein Mensch. Kein Mann, keine Frau und kein Kind. Wirklich sehr schade! Aber dann, mitten im Wald, dort, wo es zwischen den Bäumen am allerdunkelsten ist, sieht Gretchen auf einmal ein Haus – ein düsteres Haus mit hell erleuchteten Fenstern. Das ist ein Räuberhaus und die fünf Räuber, die darin wohnen, sitzen gerade um den reichlich gedeckten Tisch. Keiner von ihnen bemerkt das kleine Gespenst, das heimlich hereinspäht und ihnen beim Nachtessen zuguckt.
Gretchen kichert. Es müsste doch lustig sein, wenn man diesen ruppigen Räubern ein wenig Angst machen könnte!
Gedacht – getan. Gretchen zeigt, was sie bei Opa Gespenst gelernt hat, und schwebt

durch die Wand ins Räuberhaus. Schwebt bis auf den Tisch. Dort beginnt sie zu heulen: „Huhuhuhu!" Und zu jammern: „Wehe, wehe, wehe!" Nicht ganz so toll wie Mama Gespenst, aber doch schon sehr gut. Und was machen die Räuber? – Sie beugen sich vor und staunen. Sie reißen die Augen auf und kriegen auch den Mund nicht mehr zu. Sie vergessen zu essen, sie vergessen zu trinken und dann …
„Hohohoho!", lacht der Erste. „Guckt mal, das kleine Gespenstchen!"
„Wie es jammert und heult!", lacht der Zweite. „Ob es uns Angst machen will?"
„Nein, das ist wirklich zu komisch!", lacht der Dritte. „Hohohoho!"
„Hohohoho!" Nun lachen sie alle. Keiner bleibt ernst. Und sie können gar nicht mehr aufhören.
Gretchen guckt von einem zum anderen. Es gefällt ihr gar nicht, wenn man sie auslacht. Am liebsten würde sie jetzt rumpeln und rasseln. Aber leider hat sie weder Kugel noch Kette mit und kann nicht zeigen, was sie bei ihrem Papa gelernt hat.

Also, was dann? – Gretchen holt einmal tief Luft und pustet sich auf. Sie wird fast so dick wie Tante Gerlinde. Aber die Räuber … diese dämlichen Räuber lachen noch lauter als vorher.
Was soll Gretchen jetzt machen? Den Kopf abnehmen vielleicht? – Ehrlich gesagt,

ist ihr das bisher nicht ein einziges Mal richtig gelungen. Obwohl Onkel Gustav es immer wieder mit ihr geübt hat. Aber vielleicht schafft sie es ja heute. Wenn es klappt, wird den Räubern das Lachen bestimmt vergehen!

Gretchen legt also beide Hände an die Ohren und zieht ihren Kopf nach oben. Sie zieht und sie zerrt. Aber es klappt nicht. Gretchen ächzt vor Anstrengung. Die Räuber johlen vor Vergnügen.

Da weht plötzlich ein kräftiger Wind durch den Raum. Und mit ihm Tante Gerlinde, so dick und rund wie noch nie. Hinter ihr her Onkel Gustav, mit seinem Kopf unterm Arm. Wie die beiden hereingekommen sind, hat keiner gesehen. Die Räuber sind auf einmal ganz still. Dann springen sie auf. Dann rennen sie aus dem Haus. Dann verschwinden sie im Wald. Und jetzt hört man sie nur noch schreien – irgendwo, ganz weit weg.

Gretchen hüpft vom Tisch und umarmt Tante Gerlinde. Als Onkel Gustav seinen Kopf wieder aufgesetzt hat, fällt sie auch ihm um den Hals.

„Bravo!", ruft Gretchen. „Ihr habt die Räuber in die Flucht geschlagen. Vor mir hatten sie kein bisschen Angst, da konnte ich machen, was ich wollte."

„Du bist ja auch noch recht klein", sagt Tante Gerlinde.

„Du musst ja auch noch viel lernen", sagt Onkel Gustav.

Immerhin schimpfen sie nicht, weil Gretchen sich auf der Waldwiese einfach weggeschlichen hat. Und sie haben alle zusammen die Räuber erschreckt. Das ist schließlich die Hauptsache.

„DIE BLÖDE SONNE!"

Die Vampirkinder sind heute die ganze Nacht draußen gewesen. Zuerst haben sie mit Mama und Papa einen Ausflug gemacht. Danach durften sie noch auf dem Schlosshof herumtoben. Aber nun wird es Zeit, schlafen zu gehen. Bald ist es Tag. Da müssen alle Vampire im Bett sein. Papa Vampir steht an der Kellertreppe und ruft seine Kinder. Zuerst ruft er die Großen – Vinzenz, Vanessa und Valentin. Danach ruft er die Kleinen – die Zwillinge Viktor und Viktoria.

„Kommt alle rein!", ruft Papa Vampir. „Der Mond steht schon hinterm Berg!" Vinzenz, Vanessa und Valentin gehorchen. Sie wissen, mit Papa Vampir ist nicht zu spaßen. Aber Viktor und Viktoria haben sich gerade in Ratten verwandelt und flitzen nur so um den Brunnen. „Kommt rein!", ruft Papa Vampir. „Und zwar sofort! Aber bitte schön auf zwei Beinen!" Viktor und Viktoria stellen sich kichernd auf ihre Hinterbeine. Aber das gilt nicht. Papa Vampir macht ein finsteres Gesicht.

Da nehmen die beiden brav ihre normale Gestalt an und schlüpfen an ihm vorbei ins Haus.

„Wir sind aber noch gar nicht müde!", sagt Viktor. „Warum können wir nicht noch draußen bleiben? Nur noch ein ganz kleines bisschen!"

„Weil es schon hell wird", antwortet Mama Vampir. „Und weil gleich die Sonne aufgeht."

„Na und?", sagt Viktoria. „Warum können wir nicht ein einziges Mal bei Sonnenschein draußen spielen?"

„Weil das sehr schlecht für euch wäre", antwortet Papa Vampir. „Die Sonne würde euch schrecklich verbrennen."

Viktor und Viktoria gucken sich an. Ist das wirklich so? Sagen Mama und Papa die Wahrheit? Bestimmt wollen sie nur, dass ihre Kinder ohne Widerworte ins Bett gehen.

Viktor sagt: „Dann spielen wir noch etwas hier drinnen!"

Viktoria sagt: „Ja, mit unseren Bauklötzen!" Aber Papa Vampir schüttelt den Kopf.

„Kommt gar nicht in Frage! Für heute ist Schluss. Wir sind auch müde und wollen uns hinlegen."

Mama Vampir zieht die dunklen Vorhänge zu. Sie macht das sehr sorgfältig, damit nicht der kleinste Lichtstrahl ins Zimmer fällt. Bei Kerzenlicht steigen Viktor und

Viktoria in ihre Schlafanzüge. Vinzenz, Vanessa und Valentin sind schon verschwunden.

„Ab ins Bad!", sagt Mama Vampir. „Putzt euch gründlich die Zähne! Besonders die langen – ihr wisst schon."

Ja, natürlich wissen Viktor und Viktoria, dass die langen Eckzähne für Vampire sehr wichtig sind. Also nehmen sie ihre Zahnbürsten und die Zahnpasta mit Blutgeschmack. Und dann geht es los. Hin und her. Auf und ab. Und noch mal von vorn.

„Das reicht!", sagt Mama Vampir. „Jetzt geht es ins Bett. Aber leise! Oma und Opa schlafen bestimmt schon."

„Ich hab aber noch Durst!", ruft Viktor.

„Und ich noch Hunger!", ruft Viktoria.

„Nichts da", sagt Papa Vampir. „Ihr habt schon Zähne geputzt. Heute gibt es nichts mehr."

Da kriechen die beiden ins Bett. Aber sie sehen nicht aus, als ob sie schon einschlafen wollten. Sie warten ungeduldig auf ihre Gutentaggeschichte.

Papa und Mama Vampir gähnen. Sie sind wirklich sehr müde. Keiner von beiden hat Lust, noch eine Gutentaggeschichte zu erzählen. Also rufen sie Tante Verena. Viktor und Viktoria sind ganz zufrieden damit. Tante Verena kennt nämlich tolle Gutentaggeschichten. Heute erzählt sie eine von einer kleinen Eule, die sich im Wald verirrt hat und schließlich in einem hohlen Baum bei einer Zwergenfamilie Unterschlupf findet. Es ist wirklich eine schöne Geschichte. Aber leider sind Viktor und Viktoria danach immer noch nicht müde. Tante Verena seufzt und probiert es mit einem Schlaflied.

„Lalelu, der Tag ist nah.
Bald ist auch die Sonne da.
Von der wollen wir nichts wissen,
kuscheln uns in unsre Kissen,
machen beide Augen zu,
summen leise Lalelu …"

So, jetzt ist aber Schluss! Tante Verena hat keine Lust mehr. „Schlaft gut, ihr zwei", sagt sie, „und träumt was Schönes!" Sie gibt jedem noch schnell einen Gutentagkuss und dann geht sie hinaus.
Eine Weile ist es nun still.
Dann flüstert Viktoria: „Schläfst du schon?"
„Nein, ich kann nicht", flüstert Viktor zurück. „Sollen wir wieder aufstehen?"
„Au ja!" Viktoria kichert. „Aber ganz, ganz leise."
Lautlos wie zwei Mäuse huschen die zwei ins Wohnzimmer. Alles ist still. Alles ist dunkel. Ob draußen vielleicht schon die Sonne scheint?
„Die Sonne …", wispert Viktoria, „wie sie wohl aussieht?"
„So ähnlich wie der Mond, glaube ich", wispert Viktor zurück, „nur größer und heller und leuchtend wie eine goldene Flamme."
Beide gucken sich atemlos an. Sie kennen die Sonne nur aus dem Bilderbuch. In Wirklichkeit haben sie sie noch niemals gesehen. Und nun sind sie schrecklich neugierig.
„Wenn wir …", sagt Viktor, „ich meine, die Vorhänge … also, nur ein ganz kleines bisschen …"
„… auseinander ziehen?", fragt Viktoria. „Damit wir rausgucken können?"

Viktor nickt. „Nur einen Finger breit! Dann machen wir sie ganz schnell wieder zu."

„Aber wenn das gefährlich ist …" Viktoria kriegt eine Gänsehaut. „Wenn Papa und Mama nun Recht haben …?"

Viktor nimmt ihre Hand. „Ach was! Wir bleiben ja drinnen. Wir gehen doch nicht raus vor die Tür."

Hand in Hand huschen die Zwillinge zum Fenster. Dort lassen sie sich los. Jeder nimmt einen Vorhangzipfel und dann – dann holen sie einmal tief Luft und ziehen die schweren Falten vorsichtig, ganz vorsichtig einen winzigen Spalt auseinander. Ein heller Fleck erscheint auf der Fensterbank. Ein tanzender Schein. Ein Sonnenkringel. Viktor und Viktoria staunen ihn an. Eine ganze Weile. Dann müssen sie lachen.

„Wie lustig!", sagt Viktor.

„Wie schön!", sagt Viktoria.

Langsam heben sie ihre Zeigefinger – Viktor den linken, Viktoria den rechten – und legen sie in den hellen Fleck. In den tanzenden Schein. In den Sonnenkringel. Doch sofort ziehen sie die Finger wieder zurück.

„Aua!", schreien sie beide. „Auauauau!" Sie haben sich verbrannt. Und wie! Von ihren Fingern steigen kleine Rauchwölkchen auf.

„Auauauau!" Schnell lassen sie die Vorhänge los. Sie schütteln ihre Hände und tanzen jammernd durchs Zimmer.

„Was ist denn hier los?", fragt da eine Stimme. An der Tür steht Tante Verena. „Warum schlaft ihr noch nicht?"

„Unsere Finger!", jammert Viktoria.

„Die blöde Sonne!", schimpft Viktor.

Tante Verena begreift. Sie sagt nicht viel, sondern geht mit den beiden ins Badezimmer. Zuerst taucht sie die glühenden Finger in kühles Wasser, dann schmiert sie Salbe darauf und wickelt Verbandszeug darum. Ah, das tut gut!

Viktor und Viktoria kriechen nun ganz schnell ins Bett und ziehen sich die Decke über die Ohren. Mit der Sonne wollen sie nie, nie wieder etwas zu tun haben!

AUF DEM JAHRMARKT

Mitten in der Stadt ist seit gestern ein großer Jahrmarkt: ein Riesenrad, eine Achterbahn, eine Schiffschaukel, eine Geisterbahn, ein paar Karussells und viele verschiedene Buden. Die Musik ist weithin zu hören. Und die bunten Lämpchen sieht man bei Nacht sogar im uralten Schloss auf dem hohen Berg hinter dem Tannenwald.

Die Gespensterkinder drängeln sich oben im Turm vor dem Fenster und können sich an den fernen Lichtern nicht satt sehen. Unten im Hof sitzen die kleinen Vampire bereits auf der Mauer und gucken sich fast die Augen aus. Golo, Gretchen, Gisbert und Guggi wollen unbedingt bald auf den Jahrmarkt. Vinzenz, Vanessa und Valentin würden am liebsten sofort losfliegen. Und die Zwillinge Viktor und Viktoria können es gar nicht mehr abwarten.

„Dürfen wir hin?", fragen die Gespensterkinder ihre Eltern und den Rest der Familie.

„Dürfen wir hin?", drängeln auch die Vampirkinder die ganze Verwandtschaft.

Ja, sie dürfen. Und sogar ganz allein! Den Erwachsenen ist es auf dem Jahrmarkt zu voll und zu eng und zu laut.

„Aber haltet euch brav zusammen!", sagt Mama Gespenst. „Alle neun! Habt ihr gehört?"

„Passt auf, dass keiner verloren geht!", sagt Mama Vampir. „Schon gar nicht die Kleinen."

Opa Gespenst schenkt jedem Kind einen blanken Taler. Denn auf dem Jahrmarkt ist nichts umsonst. Opa Vampir hat leider kein Geld. Er holt einen goldenen Ring aus der Schublade. Für den müsste man doch etwas kriegen.

„Ganz bestimmt, Opa", sagt Vinzenz und steckt den Ring in seine Brusttasche.

„Vielen Dank!", rufen alle zusammen. Und dann geht es los! So schnell sind die kleinen Gespenster und die kleinen Vampire noch nie geflogen, geschwebt und geflattert. Nur ein paarmal Atem geholt – und schon sind sie da.

Oh, wie schön, wie lustig und aufregend ist es auf dem Jahrmarkt! Es gibt so viel zu sehen – seltsame Sachen und merkwürdige Leute. Zum Glück finden das auch die anderen Besucher. Keiner von ihnen bleibt stehen. Keiner läuft fort. Alle glauben, dass die kleinen Gespenster und die kleinen Vampire auf den Jahrmarkt gehören.

Golo und Vinzenz wollen aufs Riesenrad. Gretchen und Vanessa wollen auf die Achterbahn. Gisbert und Valentin wollen auf die Schiffschaukel. Guggi, Viktor und Viktoria wollen aufs Kinderkarussell.

„Na gut", sagen die Großen, „zuerst die Kleinen."

Doch als die drei Kleinen bezahlen wollen, nimmt die Frau im Kassenhäuschen ihre Taler nicht an! Sie sagt: „Dieses Geld ist entweder falsch oder uralt. Macht, dass ihr wegkommt!"

Am Riesenrad, an der Achterbahn und an der Schiffschaukel ist es genauso. Die kleinen Gespenster und die kleinen Vampire sind bitter enttäuscht.

„Also dann holen wir uns jetzt Pommes", sagt Vinzenz. „Wir geben einfach den Ring ab. Dafür kriegen wir bestimmt eine ganze Menge."

Aber leider kriegen sie gar nichts! Der Mann hinter der Theke will den Ring auf keinen Fall haben. Er ist richtig wütend und schimpft: „Mit Schmuck wird hier nicht bezahlt."

Die kleinen Gespenster und die kleinen Vampire blicken sich traurig um. Auf dem Jahrmarkt ist es gar nicht mehr schön. Es gibt immer noch viel zu sehen. Aber wenn man kein Geld hat, macht das gar keinen Spaß. Am besten fliegen sie wieder nach Hause.

Aber da vorn – da ist die Geisterbahn! Dort sind sie noch nicht gewesen. Die Geisterbahn sieht schon von außen ganz toll aus. Sie wollen wenigstens mal gucken, wie die Wagen durch ein dunkles Tor hineinrollen und durch ein noch dunkleres wieder heraus. Alle neun stellen sich an den Rand und schauen sehnsüchtig zu. Schade, dass sie nicht das richtige Geld haben!
An der Kasse sitzt ein bärtiger Mann. Der sieht herüber und winkt. „He, ihr da!", ruft er. „Wollt ihr mal mitfahren?"
Die kleinen Gespenster und die kleinen Vampire wissen vor lauter Staunen so schnell keine Antwort.
Der Mann steht auf und kommt näher. Er legt Golo die Hand auf die Schulter und sagt: „Ihr müsst auch gar nichts bezahlen." Na so was! Wie meint er das? Golo bleibt stumm. Alle anderen auch.
„Im Gegenteil", redet der Mann eifrig weiter. „Ich gebe euch Geld, wenn ihr mitfahrt!"

Da werden die Kinder munter.
„Jetzt gleich?", fragt Vinzenz.
„Tja, wenn Sie meinen!", lacht Golo.
„In Ordnung!", nickt Gisbert.
„Das finde ich toll!", ruft Vanessa.
Die anderen hüpfen vor Freude von einem Fuß auf den anderen.
„Immer mit der Ruhe!", verlangt der bärtige Mann. „Ihr dürft alle mit. Aber ihr müsst einzeln fahren, jeder in einem anderen Wagen."
Ach so! Warum das denn?
„Ihr seht so schön gruselig aus", sagt der Mann. „Bestimmt finden die Leute es toll, wenn sie dazusteigen können."
Na ja, wenn das so ist … Die Gespensterkinder sind einverstanden. Die Vampirkinder auch. Jeder klettert in einen Wagen und wartet neugierig ab. Und wirklich, schon strömen die Leute herbei. Alle wollen neben einem kleinen Gespenst oder einem kleinen Vampir mit der Geisterbahn fahren. An der Kasse wartet bald eine lange

Schlange. Der bärtige Mann reibt sich die Hände und lacht. Noch nie hat er so schnell so viele Karten verkauft.
Und jetzt geht es los! Ein Wagen nach dem anderen rollt durch das dunkle Tor. Die kleinen Vampire wehen mit ihren schwarzen Umhängen, die kleinen Gespenster mit ihren weißen Kleidern. Die einen zeigen ihre grässlichen Zähne, die anderen heulen: „Huhuhuhu!" Alle, die mitfahren, sind ganz begeistert. Sie jubeln und kreischen. Diese Fahrt mit der Geisterbahn ist ein einziger Spaß! Jeder, der aussteigt, will gleich noch mal mitfahren.
„Meinetwegen", sagt Golo.
„Von mir aus", sagt Vinzenz.
Die anderen haben auch nichts dagegen. Und so brausen sie gleich wieder los. Sie wissen selbst nicht, wie oft. Erst als Viktor und Viktoria keine Lust mehr haben und Guggi sagt, dass ihr schwindelig sei, steigen sie endlich aus.
„Na gut", sagt der bärtige Mann. „Wenn ihr wollt, könnt ihr morgen wiederkommen. Ihr habt eure Sache prima gemacht."
Danach gibt er jedem drei glänzende Geldstücke. Die sehen ganz anders aus als die von Opa Gespenst.
Die kleinen Gespenster und die kleinen Vampire sagen „Danke schön" und „Auf Wiedersehen". Und dann laufen sie eilig davon. Sie haben nämlich noch etwas Wichtiges vor.
Ja, was denn?
Wollen sie vielleicht auf die Achterbahn? Oder auf die Schiffschaukel? Oder aufs Kinderkarussell?
Nein, bloß nicht! Um Himmels willen! Sie wollen Pommes. Jeder eine große Portion. Jetzt können sie schließlich bezahlen!
Der Mann an der Theke sieht ihnen misstrauisch entgegen. Aber als sie ihm das Geld zeigen, nickt er zufrieden. Und dann gibt er jedem eine Riesenportion. Mit Majonäse für die kleinen Gespenster.
Mit Ketschup für die kleinen Vampire.

VALENTIN ISST ANDERSWO

Vampire trinken am liebsten Blut. Ja, sogar schon die kleinen! Blut schmeckt ihnen so gut wie anderen Kindern Milch. Oder Kakao. Oder Apfelsaft. Oder Zitronensprudel.

Natürlich müssen Vampire auch essen. Besonders gern mögen sie Blutsuppe. Und Brot mit Blutwurst. Oder Salat von Blutbuchenblättern. Und Blutapfelsinentorte. Dann noch Vanillepudding mit Blutsoße. Und natürlich Bonbons mit Blutgeschmack.

Wenn ihnen nichts anderes übrig bleibt, trinken Vampire Tomatensaft. Weil der so schön rot ist. Dazu essen sie Nudeln mit Ketschup. Zum Nachtisch löffeln sie Kirschkompott. Oder Erdbeereis. Manchmal auch rote Grütze.

Jede Nacht stellt Mama Vampir ihrer Familie etwas Leckeres auf den Tisch. Etwas Leckeres mit Blut! Allen schmeckt es ganz wunderbar. Nur Valentin nicht. Valentin mag nämlich als Einziger kein Blut. Er trinkt lieber Wasser und er isst lieber Brot ohne Blutwurst. Und vor Blutsuppe nimmt er Reißaus. Deswegen kriegt er oft Schimpfe.

„Wenn du so weitermachst, wirst du bestimmt nie groß und stark", schimpft Papa Vampir beim Frühstück.

„Warum habe ich mir beim Kochen nur solche Mühe gegeben?", seufzt Mama Vampir beim Mittagessen.

„Als ich so alt war wie du, musste ich essen und trinken, was auf den Tisch kam", knurrt Opa Vampir beim Abendbrot.

„Kinder, die kein Blut mögen, kriegen schlechte Zähne", warnt Oma Vampir bei jeder Mahlzeit.

Und Tante Verena sagt zwischendurch immer wieder den Vers: „Blut und Brot macht Wangen rot!"

Valentin ist das alles egal. Er findet das rote Zeug einfach ekelhaft. Außerdem weiß er, was besser schmeckt. Er weiß es, seit er neulich nach Mitternacht in einem Gasthaus gewesen ist und dort auf dem Herd einen Topf Kartoffelsuppe entdeckt hat – Kartoffelsuppe mit Lauch und Sellerie, mit Möhren und Petersilie. Hmm, lecker!

Weil der Wirt und die Köchin schon schliefen, hat Valentin ratzeputz den ganzen Topf leer gefuttert. Dann hat er ihn ausgekratzt. Und zum Schluss auch noch ausgeschleckt. Ja klar, mit der Zunge. Also ehrlich, so etwas Gutes hatte der kleine Vampir bis dahin noch nie gegessen.

Leider isst Valentin seit dieser Nacht zu Hause noch schlechter als vorher. Er sagt nicht warum. Das würde ja doch niemand verstehen. Er schiebt nur immer wieder seinen Teller zurück und murmelt: „Ich hab keinen Hunger."

Am dritten Abend wird Papa Vampir sehr zornig. „Jetzt ist aber Schluss!", sagt er streng. „Wenn du nicht aufisst, darfst du nicht mit uns ausfliegen. Strafe muss sein!"

Valentin bleibt also am Frühstückstisch sitzen und schaut zu, wie die anderen ihre Umhänge anziehen.

„Wasch das Geschirr ab!", sagt Mama Vampir. „Wenn wir nach Hause kommen, muss alles blitzblank sein." Sie geht als Letzte hinaus und macht die Tür hinter sich zu. Draußen schließt jemand ab. Wahrscheinlich Papa Vampir.

Valentin seufzt. Er hat überhaupt keine Lust, das viele Geschirr abzuwaschen. Also holt er ein Bilderbuch und legt sich noch mal ins Bett. Eigentlich hat er das Bilderbuch gern. Aber heute gefällt es ihm gar nicht.

Er steht wieder auf und stöbert in den Spielsachen seiner Geschwister herum. Keiner ist da, der ihm sagt, dass er das gefälligst bleiben lassen soll. Wie langweilig! Nach einer Weile geht er in die Speisekammer. Denn natürlich hat er jetzt Hunger. Doch leider findet er nur lauter eklige Sachen mit Blut. Pfui Teufel! Schnell läuft er davon.

Er stellt sich ans Fenster und schaut hinaus in die Nacht. Wenn er den Hals reckt, sieht er den runden Silbermond über der Mauer. Ach, könnte er dem doch entgegenfliegen! Sein schwarzer Umhang würde ihn tragen, leicht und luftig durch die sternklare Nacht. Papa Vampir hat die Tür abgeschlossen. Aber er hat nicht bedacht, dass man auch einen anderen Weg nehmen kann, wenn man so klein, so schmal und so gelenkig ist wie Valentin. Der holt sich jetzt einfach einen Stuhl, klettert hinauf, öffnet das Fenster und schiebt sich hinaus – durch den gemauerten Schacht ins Freie. Schon steht er im Schlosshof. Schon rennt er los. Schon breitet er die Arme aus und

27

segelt mit wehendem Umhang über die Mauer. Hei, wie trägt ihn die Luft! Wie wiegt ihn der Wind! Wie schön ist die Nacht!

Valentin fliegt über den Wald. Über Wiesen und Felder. Bis zu den Häusern der Menschen. Ganz allein ist er da noch nie gewesen. Gleich am ersten Haus macht er Halt. Leise, ganz leise landet er auf einem Apfelbaum und rutscht am Stamm entlang auf den Boden.

Geschafft! Valentin ist stolz und zufrieden. Und neugierig ist er auch. Er spitzt die Ohren. Denn hinter dem Haus ist etwas los. Da lärmt und lacht es. Da kichert und kreischt es. Das müssen Kinder sein. Eine ganze Menge!

Valentin schleicht am Zaun entlang und späht durchs Gebüsch in den Garten. Was er da sieht, gefällt ihm. In den Zweigen der Bäume hängen bunte Papierlaternen. Darunter ist ein langer Tisch gedeckt. Um ihn herum sitzen lauter Mädchen und Jungen und lassen es sich schmecken.

Was essen sie wohl? Valentin schnuppert und schnüffelt. Er schleicht ein Stück weiter. Dann schwingt er sich zwischen zwei Büschen über den Zaun und läuft bis zum Tisch. Die Kinder gucken ihm mit großen Augen entgegen.

Valentin macht eine kleine Verbeugung. Das hat er bei seinem Papa gelernt. „Guten Abend!", sagt er höflich. „Wird hier ein Fest gefeiert?"

Einen Augenblick ist es ganz still. Die Kinder schauen und staunen. Endlich ruft

ein Junge: „Ja, wir feiern Geburtstag! Lenas Geburtstag!"

„Wer ist Lena?", fragt Valentin.

Der Junge zeigt auf ein Mädchen im roten Kleid. Es sitzt ihm gegenüber und hat ganz vergessen, dass es ein Würstchen zwischen den Fingern hält und eben hineinbeißen wollte.

Valentin geht um den Tisch herum und schüttelt Lena die Hand mit dem Würstchen. „Herzlichen Glückwunsch zum Geburtstag!", sagt er. „Tut mir Leid, dass ich kein Geschenk für dich habe."

Lena lächelt ihn an. „Macht doch nichts", sagt sie. „Ich freue mich trotzdem über deinen Besuch. Wenn du willst, kannst du mit uns Abendbrot essen."

Und ob Valentin will! Er setzt sich gleich neben Lena auf die Bank und langt eifrig zu. Es gibt Kartoffelsalat und Würstchen, Käsebrötchen und Salamischnittchen, Fleischklößchen und kleine süße Pfannkuchen.

Lenas Mutter stellt einen Becher vor ihn hin und gießt Limonade hinein. Die schäumt bis an den Rand und prickelt auf der Zunge. Schön süß und schön sauer! Valentin isst und trinkt, bis kein Bissen und kein Schluck mehr in ihn hineinpassen. So voll und so rund ist sein Bauch noch nie gewesen.

"Zu dumm", ruft sie. "Komm, jetzt spielen wir Fangen!"
Valentin schüttelt den Kopf. Mit seinem Bauch kann er nicht Fangen spielen. Sein Bauch ist schwer und tut weh. Es wird immer schlimmer.
"Lass mich!", sagt er. "Ich muss jetzt nach Hause."
Ehe Lena ihn festhalten kann, schwingt er sich wie auf Flügeln über den Zaun. Sein schwarzer Umhang weht hinter ihm her. Gleich darauf ist er verschwunden.
"Huuuh!", schreit Lena. "Ich glaube, das war ein Vampir!"
Valentin fliegt davon. Über Wiesen und Felder. Über den Wald. Richtung Schloss. Er fliegt und fliegt. Aber es fällt ihm nicht leicht. Er hätte sich den Bauch nicht so voll schlagen sollen!
Als er endlich zu Hause ankommt, sind seine Geschwister, seine Eltern und Großeltern schon alle da. Auch das noch! Sie stehen auf der Kellertreppe und schauen ihm kopfschüttelnd entgegen.
"Wo kommst du her?", fragt Opa Vampir.
"Was hast du gemacht?", fragt Oma Vampir.

"Jetzt spielen wir was!", ruft Lena. "Wir müssen die Zeit nutzen, bis alle abgeholt werden." Sie nimmt Valentins Hand und zieht ihn hinter sich her durch den Garten bis zu den Johannisbeersträuchern. Da verstecken sie sich.
"Niklas muss suchen", flüstert Lena. "Hier findet er uns bestimmt nicht."
Verstecken spielen unten im Garten geht genauso wie oben auf dem Schlosshof. Auch wenn Valentin keine Ahnung hat, wer Niklas ist, macht es ihm großen Spaß. Allerdings ist sein Bauch ziemlich schwer. Weh tut er auch. Valentin jammert laut auf. Und schon hat ihn Niklas gefunden. Auch Lena hat er entdeckt.

sich bis oben hin zu. Er ist froh, dass er für heute davongekommen ist.
Doch da erscheint Mama Vampir mit einer dampfenden Tasse. Darin ist Tee aus Blutwurzblüten. Und obendrauf schwimmen zehn frische Blutstropfen.
„Igitt!", schreit Valentin. „Ich mag nicht! Ich will nicht!" Aber das hilft ihm gar nichts.
„Heißer Tee aus Blutwurzblüten mit frischen Blutstropfen ist gut gegen Bauchschmerzen", sagt Mama Vampir. „Und er wird jetzt getrunken. Sonst gibt's was!"

„Warum bist du ausgekniffen?", fragt Papa Vampir.
Mama Vampir fragt nichts. Sie fasst Valentin nur unterm Kinn und sieht ihm fest in die Augen.
„Mir ist so schlecht!", jammert Valentin. „Mein Bauch tut weh! Ich glaube, ich muss schnell ins Bett!"
„Du siehst aus, als hättest du zu viel gegessen", sagt Mama Vampir. „Aber was? Und wo? Und bei wem?"
„... so schlecht!", jammert Valentin.
„... tut weh! ... schnell ins Bett!"
„Also gut", sagt Papa Vampir, „dann verschwinde jetzt dann. Morgen reden wir weiter."
Valentin schlüpft in sein Bett und deckt

WER KANN'S BESSER?

Die Gespensterkinder und die Vampirkinder sind gute Freunde. Sie zanken sich selten. Aber manchmal behaupten die kleinen Vampire, dass sie mehr können als die kleinen Gespenster. Und dann gibt es Streit!

Wirklich können die kleinen Vampire ein paar Dinge, die die kleinen Gespenster nicht fertig bringen. Sie können sich nämlich verwandeln – in Fledermäuse, in Ratten, in Eidechsen und sogar in Wölfe. In große graue Wölfe mit leuchtenden gelben Augen!

Wenn Mama Gespenst hinten im Schlosshof ihre Wäsche aufhängen will, kann es sein, dass da bereits fünf Fledermäuse an der Leine hängen. Mit den Köpfen nach unten. „Kschschsch!", macht Mama Gespenst und klatscht in die Hände. Dann fliegen die fünf kichernd davon. Es sind nämlich gar keine Fledermäuse, sondern Vinzenz, Vanessa und Valentin. Und die Zwillinge Viktor und Viktoria.

Manchmal verwandeln sich die kleinen Vampire beim Fangenspielen auch einfach in Ratten. Dann flitzen sie über den Schlosshof, dass niemand sie einholen kann.

Als Eidechsen sind sie sogar noch schneller. Einmal huschten sie in dieser Gestalt bei Familie Gespenst oben im Turm während des Mitternachtsessens durchs Fenster, dann die Wand hoch und die Zimmerdecke entlang. Das können Eidechsen nämlich. Nur die kleine Viktoria hatte nicht aufgepasst. Sie fiel herunter und landete in der Suppenschüssel. Dort nahm sie schluchzend ihre eigentliche Gestalt an. Und Familie Gespenst wusste, was mit den Eidechsen los war.

Vinzenz versteckt sich gern als Wolf in irgendeiner Ecke des Schlosshofs. Da winselt er dann. Oder er heult. Und wenn die Gespensterkinder vorbeikommen, springt er heraus und freut sich, wenn sie erschrecken.

„Ätsch!", rufen die kleinen Vampire. „Wir können uns verwandeln – ihr nicht!" Tatsächlich haben die Gespensterkinder schon oft versucht, es den Vampirkindern nachzumachen. Sie wissen, dass die immer einen sonderbaren Spruch aufsagen, ehe sie sich verwandeln. Dieser Spruch geht so:

„Vampirili, vampirila.
Einer weg, ein andrer da.
Vampirila, vampirili.
Klappt es jetzt nicht, klappt es nie."

Leider hat es bei den kleinen Gespenstern noch nie geklappt. Obwohl sie den

Spruch immer ohne Fehler aufsagen konnten. Man muss tatsächlich ein Vampir sein, wenn er wirken soll. Natürlich ärgern sie sich darüber. Und sie überlegen, ob es nicht auch etwas gibt, was sie besser können als die kleinen Vampire.

Schließlich fragen sie Tante Gerlinde. Die hat ihnen schon oft geholfen, wenn die Eltern und Großeltern sie fortgeschickt haben. Tante Gerlinde hört ihnen auch diesmal aufmerksam zu. Dann lacht sie und sagt: „Aber sicher gibt es etwas, was ihr besser könnt als die kleinen Vampire. Ihr könnt euch unsichtbar machen!"

Na so was! Unsichtbar machen? Wirklich? Wie geht das denn?

„Ihr müsst einen Spruch lernen", erklärt Tante Gerlinde. „Der wirkt nur, wenn man ein Gespenst ist. Ich werde ihn euch vorsagen und ihr müsst ihn mir nachsprechen, so lange, bis ihr ihn auswendig könnt."

„Ja, au ja!", rufen die kleinen Gespenster. Tante Gerlinde nickt. Und dann sagt sie den Spruch:

> „Ich will mich drehen
> und ihr sollt mich sehen.
> Doch bleibe ich stehen,
> wird mein Anblick vergehen.
> Ihr kriegt einen Schreck,
> denn ich bin jetzt weg."

Das ist wirklich ein schöner Spruch! Und gar nicht schwer zu merken. Die Gespensterkinder haben ihn schnell auswendig gelernt. Tante Gerlinde zeigt ihnen gleich, wie es weitergeht: Während man den Spruch sagt, muss man sich einmal um sich selbst drehen – und dann plötzlich stehen bleiben.

„Ist das schon alles?", fragt Guggi.

„Na klar", nickt Tante Gerlinde. „Jetzt seid ihr unsichtbar. Ihr könnt es mir glauben!"

„Aber wir sehen uns doch noch!", rufen die kleinen Gespenster.

„Ja, ihr schon", sagt Tante Gerlinde, „aber die kleinen Vampire werden euch nicht mehr sehen. Probiert es nur aus!"

Sofort schweben die Gespensterkinder hinaus auf den Schlosshof. Da hocken die kleinen Vampire gerade auf dem Brunnenrand und schlecken Erdbeereis. Das wird jetzt schnell weniger. Ungefähr doppelt so schnell wie sonst. Die Vampirkinder können es gar nicht verstehen. Sie wissen ja nicht, dass da einer mitschleckt. Ach was, nicht nur einer, sondern gleich vier: Golo, Gretchen, Gisbert und Guggi. Alle vier kichern vergnügt. Oh ja, sie sind unsichtbar! Tante Gerlinde hat Recht gehabt. Was für ein Spaß!

Die kleinen Vampire spitzen die Ohren. Wer kichert denn da? Wer zupft sie nun an der Nase? Wer kitzelt sie am Bauch? Wer packt ihre Hände und zieht sie vom Brunnenrand? Wer tanzt mit ihnen auf dem Schlosshof herum?
„He!", schreit Vinzenz. „Das sind bestimmt die kleinen Gespenster!"
Das Kichern wird lauter.
„Stimmt!", schreit Golo zurück. „Wir können uns unsichtbar machen – ihr nicht!"
Noch eine ganze Weile tanzen die kleinen Gespenster mit den kleinen Vampiren auf dem Schlosshof herum.

„Lasst uns los!", ruft Vinzenz.
„Ich hab keine Lust mehr!", ruft Vanessa.
„Wir wollen uns wieder vertragen!", ruft Valentin.
Viktor und Viktoria brüllen, so laut sie können. Es ist nicht schön mit Leuten zu tanzen, die man nicht sieht.
Endlich werden die kleinen Gespenster müde. Sie haben viel Spaß gehabt. Aber jetzt reicht es. Sie wollen lieber wieder spielen – ganz normal und genau wie immer. Und unbedingt mit den kleinen Vampiren! Natürlich muss man sie dazu wieder sehen können. Nur – was ist da zu tun? Tante Gerlinde wird es doch hoffentlich wissen!
Leider macht Tante Gerlinde gerade ihren Mitternachtsschlaf. Und sie lässt sich höchst ungern stören. Sie knurrt empört, als Golo und Gisbert an ihrer Decke zupfen. Sie zeigt die Zähne, als Gretchen und Guggi sie unter den Füßen kitzeln. Aber endlich richtet sie sich auf. Es dauert lange, bis sie begreift, was die Kinder eigentlich wollen.
„Stellt euch vor meinen Spiegel und klopft euch dreimal gegen die Brust!", sagt sie gähnend. „Dann ist alles wieder wie früher."
„Vielen Dank, Tante Gerlinde!", rufen die kleinen Gespenster. Doch das hört die Tante nicht mehr. Sie liegt nämlich schon wieder in ihren Kissen.
Golo, Gretchen, Gisbert und Guggi aber stellen sich schnell vor den großen Spiegel und klopfen sich dreimal gegen die Brust. Und wahrhaftig – das wirkt!

Die Vampirkinder sind sehr erleichtert, als die kleinen Gespenster deutlich sichtbar aus dem Schloss schweben. Es dauert keine zwei Minuten, da spielen sie wieder alle zusammen – so schön und so friedlich wie schon lange nicht mehr.

ACHTUNG, KNOBLAUCH!

Vampire lieben den Mond, den kühlen, silbernen Mond. Der war schon immer ihr Freund. Die heiße, goldene Sonne aber ist ihre Feindin. Man kann es den kleinen Vampiren nicht oft genug sagen – auch wenn die es inzwischen nicht mehr hören können. Vinzenz, Vanessa und Valentin gähnen, sobald von der Sonne die Rede ist. Und die kleinen Zwillinge Viktor und Viktoria halten sich einfach die Ohren zu. Es gibt aber noch etwas, vor dem Vampire sich hüten müssen. Das ist nicht so gefährlich wie die Sonne, aber auch sehr unangenehm.

Papa Vampir setzt sich eines Abends mit seinen fünf Kindern zusammen und fängt an: „Ihr wisst, dass das Licht der Sonne gefährlich ist …"

Vinzenz, Vanessa und Valentin seufzen. Viktor und Viktoria rutschen auf ihren Stühlen herum und möchten am liebsten weglaufen.

„Hier wird nicht geseufzt", knurrt Papa Vampir. „Und auf alle Fälle wird ruhig sitzen geblieben."

Na gut. Wenn er diesen Ton anschlägt, gehorcht man lieber.

„Da ist noch etwas, vor dem ihr euch hüten müsst", fährt Papa Vampir fort. „Ich spreche von – Knoblauch."

Die Kinder sehen sich an. Was ist Knoblauch? Davon haben sie ja noch nie was gehört.

„Knoblauch ist etwas Schreckliches", erklärt Papa Vampir. „Er stinkt! Er stinkt so entsetzlich, dass man nur wegrennen kann. Und zwar so weit und so schnell wie möglich."

„Wonach stinkt er denn?", fragt Vanessa.
„Nur nach sich selbst", erwidert Papa

Vampir. „Nichts auf der Welt ist mit diesem Gestank zu vergleichen."

Viktoria klettert auf seinen Schoß. „Wo gibt es denn diesen Knoblauch?"

„Bei den Menschen", sagt Papa Vampir. „Sie lieben ihn. Und sie essen ihn. Sie haben ihn im Garten und in der Küche. Sie hängen ihn sogar vor die Tür oder ans Fenster."

Vanessa schüttelt den Kopf. „Warum das denn?".

„Weil sie ihn trocknen!" Papa Vampir schaudert. „Damit sie das ganze Jahr welchen haben. Sie hacken ihn klein und streuen ihn auf ihr Essen. Sie rühren ihn in ihre Soßen und tun ihn an ihren Salat. Und außerdem …" Er zögert und wird noch blasser als sonst.

„Was – außerdem?", fragt Vinzenz.

„Außerdem", sagt Papa Vampir, „benutzen sie Knoblauch, um uns zu verjagen."

„Verjagen?" Valentin lacht. „Aber das müssen wir nicht mit uns machen lassen! Was ist, wenn wir nicht weglaufen?"

„Dann geschieht bestimmt etwas Schreckliches", sagt Papa Vampir. „Ich habe es noch nicht ausprobiert, aber ich weiß es von Oma und Opa."

Vanessa sieht ihn nachdenklich an. „Kann man sich nicht die Nase zuhalten?"

Papa Vampir schüttelt den Kopf. „Nein, das würde nicht reichen. Kommt mir bloß nicht auf dumme Gedanken! Lauft weg, wenn ihr Knoblauch riecht! Das sage ich euch."

„Aber Papa", Vanessa versucht es noch ein-

mal, „wir haben ja Knoblauch noch nie gerochen! Woher sollen wir wissen …?"

„Ihr werdet es wissen!", knurrt Papa Vampir. „Wenn etwas so stinkt, dass ihr es nicht aushalten könnt, dann ist das Knoblauch. Kapiert?"

Alle nicken. Nur Valentin holt noch einmal tief Luft. „Aber wenn wir …"

Jetzt schlägt Papa Vampir auf den Tisch und brüllt: „Schluss mit wenn! Tut, was ich gesagt habe!"

Tja, da ist nichts zu machen. Gegen diesen Ton kommt man nicht an. Vinzenz rutscht als Erster vom Stuhl. Die anderen folgen. Dann schleichen sie sich davon.

„Ich warne euch!", ruft Papa Vampir ihnen nach. „Ein für alle Mal! Nehmt euch in Acht vor Knoblauch!"

Aber wie das so ist – wer sich vor etwas in Acht nehmen soll, wird manchmal erst recht neugierig darauf. Den kleinen Vampiren geht es nicht anders. Sobald sie allein sind, überlegen sie, wie sie an Knoblauch herankommen können. Sie werden den Geruch schon aushalten! Sie werden

bestimmt nicht davonlaufen! Sie werden es Papa schon zeigen!
„Knoblauch wächst im Garten", sagt Vinzenz. „Darum fragen wir am besten einen Gärtner."
Also husch über die Mauer! Die großen Vampire sind noch in der Wohnung beschäftigt. Schnell den Berg hinab und über den Wald! Da ist schon das Dorf. Im letzten Haus wohnt der Gärtner. Er hat einen großen Garten voller Obstbäume und Beerensträucher, voller Blumen- und Gemüsebeete. Bestimmt hat er auch Knoblauch. Man muss ihn nur fragen.
Im Haus brennt noch Licht. Die kleinen Vampire klopfen brav an die Tür und warten, bis ein grauhaariger Mann ihnen aufmacht.
„Guten Abend", grüßen sie höflich. „Bist du der Gärtner?"
„Ja", sagt der Gärtner. „Und wer seid ihr?"
„Wir wohnen oben im Schloss", erklärt Viktor. „Und wir sind auf der Suche nach Knoblauch."
Der Gärtner ist ein bisschen erstaunt. Er hat gar nicht gewusst, dass oben im Schloss jemand wohnt. Aber die Kinder gefallen ihm. Sie sehen zwar sonderbar aus, doch sie benehmen sich sehr manierlich. Er nickt ihnen also zu und sagt: „Ich habe heute

einen ganzen Korb Knoblauch geerntet. Damit will ich morgen zum Markt."
Oh, was für ein Glück! Die kleinen Vampire strahlen.
„Können wir deinen Knoblauch mal sehen?", fragt Vanessa.
„Klar!", sagt der Gärtner. „Er ist in der

Scheune, weil er so einen starken Geruch hat. Kommt mal mit!"
Er geht mit einer Lampe voraus. Die kleinen Vampire laufen hinter ihm her. Gleich werden sie Knoblauch riechen! Gleich werden sie Knoblauch … Gleich werden sie … Gleich …
Aber schon am Scheunentor bleiben sie stehen. Und als der Gärtner es aufschließt,

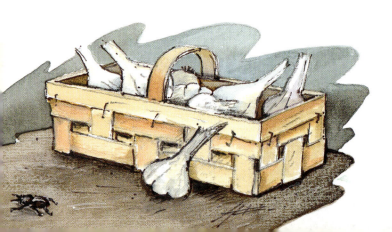

prallen sie drei Schritte zurück. Hilfe! Dieser Geruch! Nein, dieser entsetzliche Gestank!
„Was ist los?", fragt der Gärtner, breitet die Arme aus und schiebt sie in die Scheune. „Da vorn in dem Korb ist der Knoblauch."
Ja, da ist er. Und stinkt! Stinkt immer grässlicher, je näher man kommt. Die Vampirkinder halten sich die Nase zu. Aber das nützt überhaupt nichts. Zuerst müssen

sie husten. Dann kriegen sie keine Luft mehr. Dann wird ihnen schwindelig. Und dann fallen sie um.
Der Gärtner schüttelt den Kopf. Was sind das denn für seltsame Kinder! Er horcht an ihrer Brust und stellt erleichtert fest, dass sie alle noch atmen. Da trägt er sie behutsam hinaus und legt sie draußen auf die Wiese.

Sie haben ja warme Umhänge an und werden schon rechtzeitig aufwachen! Spätestens morgen Früh, wenn die Sonne ihnen hell ins Gesicht scheint. Der Gärtner schließt die Scheune ab, geht ins Haus und legt sich beruhigt schlafen.
Und dann? – Tja, hätte nicht Papa Vampir so eine böse Vorahnung gehabt, hätte er nicht nach seinen Kindern gesucht, hätte er sie nicht auf der Wiese gefunden – wer weiß, was dann geschehen wäre! So aber nimmt Papa Vampir die große Gießkanne, die hinter dem Gärtnerhaus steht, und besprengt seine Kinder. Da wachen sie auf. Papa Vampir schimpft kein bisschen mit ihnen. Er weiß, dass sie jetzt von Knoblauch genug haben. Für immer und ewig.

ROTER FLECK AUF WEISSEM HEMD

Guggi Gespenst ist ein Mädchen. Eigentlich heißt sie Gunilla. Aber als sie noch sehr klein war, hat sie sich selbst immer Guggi genannt. Und dieser Name ist an ihr hängen geblieben. Guggi Gespenst ist aber nicht nur ein Mädchen, sondern auch ein richtiges Ferkel. Sie spukt nämlich mit Vorliebe in staubigen Ecken. Und spielt gern im Matsch. Und fällt oft in Pfützen. Und kleckert beim Essen.

Wie ihre großen Geschwister trägt Guggi von abends bis morgens ein weißes Hemd. Das heißt, sie trägt mindestens drei. Natürlich nicht gleichzeitig, sondern eins nach dem andern. Kaum hat sie ein sauberes Hemd angezogen, da ist schon irgendwo ein Fleck drauf. Guggi kann das selbst nicht verstehen. Sie macht sich nie absichtlich schmutzig. Ehrlich nicht! Es kommt einfach so.

„Kind", sagt Mama Gespenst, „kannst du dich denn nicht mal ein bisschen in Acht nehmen? Drei Hemden pro Nacht sind wirklich zu viel!"

Onkel Gustav hat neulich vorgeschlagen, dass Guggi sich nicht dauernd umziehen, sondern einfach das schmutzige Hemd anbehalten soll. Doch das will Mama Gespenst auf gar keinen Fall. Gespenster müssen sauber sein, meint sie, schneeweiß und ohne Flecken! Das gehört sich so. Und sie kann es nicht aushalten, wenn ihre Kinder bekleckert herumlaufen.

Guggi Gespenst ist nicht nur ein Mädchen und ein richtiges Ferkel, sondern auch eine große Naschkatze. Manchmal schleicht sie heimlich in die Speisekammer und guckt, ob sie dort etwas Leckeres findet. Kirschsaft zum Beispiel. Den mag sie besonders gern. Toll! Auf dem mittleren Bord steht heute eine neue Flasche. Zum Glück schon geöffnet und noch beinahe voll. Guggi reckt sich und streckt sich. Sie fasst die Flasche mit beiden Händen und trinkt. Mhm, lecker! Doch da … oh, Schreck … Draußen nähern sich Schritte! Guggi zuckt zu-

sammen und lässt die Flasche beinahe fallen. Eine Menge Saft schwappt heraus und tropft auf ihr Hemd.
Die Schritte gehen vorbei. Aber der Saft, der dicke, rote Saft, macht einen großen Fleck auf dem weißen Stoff. Auweia, und dieser Fleck wird immer größer! Auweia, es sieht wirklich schlimm aus! Auweia, wie wird Mama schimpfen! Nicht nur über den Fleck, sondern auch, weil Guggi genascht hat! Was kann man da bloß machen? – Den Fleck heimlich herausreiben? Oder das ganze Hemd waschen?
Nein, Kirschsaft ist hartnäckig. Er lässt sich nur schwer entfernen. Guggi weiß das. Eben will sie die Flasche wieder zurückstellen, da hat sie plötzlich eine gute Idee. Sie wird das Hemd einfach färben! Mit Kirschsaft natürlich. Bestimmt ist ein roter Fleck auf einem roten Hemd nicht zu sehen.
Guggi fasst also die Flasche fester und schleicht ins Badezimmer. Keiner sieht es. Ein Glück! Sie zieht sich aus und stöpselt das Waschbecken zu. Hinein mit dem Saft und dem Hemd! Und – es klappt. Das Hemd wird rot und der Fleck verschwindet. Guggi ist ganz entzückt.
Allerdings kann sie das nasse Ding jetzt nicht anziehen. Es muss erst trocknen. Und das kann dauern. Ganz oben in der Turmspitze ist ein winziger Dachboden. Dort kann man das Hemd hinhängen, ohne dass es jemand sieht.
Auch diesmal hat Guggi Glück. Unbemerkt holt sie ein frisches Hemd aus dem Schrank und schlüpft leise wie ein Windhauch hinein. Anschließend wringt sie das nasse Hemd aus, hängt es auf einen Bügel und huscht damit bis unters Dach. Da schaukelt es nun im Luftzug an einem Haken und sieht ganz wunderbar aus.
„Guggi, wo bist du?", ruft Papa von unten. „Wir spuken heute im Wald. Wenn du mitwillst, musst du dich beeilen."
Natürlich will Guggi mit! So schnell sie kann, schwebt sie hinter den anderen her. Oben auf dem Dachboden haben sich zwar ein paar Spinnweben an ihre Ärmel geklebt; doch die stören nicht mal Mama Gespenst.
Guggi ist sehr vergnügt. Sie spukt und tollt durch den Wald, dass alle Tiere erschrocken

Reißaus nehmen. Obwohl sie das Kind doch kennen. Als der Morgen heraufzieht, ist Guggi so müde, dass Papa Gespenst sie tragen muss. Den ganzen Rückweg! Zu Hause kann sie sich nicht mal mehr die Zähne putzen. Sie schläft nämlich schon. Papa Gespenst lässt sie einfach ins Bett fallen. Dort schläft sie weiter – den ganzen Tag, bis der Abend dämmert.

Da allerdings ist sie die Erste, die aufwacht. Gleich fällt ihr das rote Hemd ein – das rote Hemd, das immer noch auf dem Dachboden hängt und jetzt sicher trocken ist. Guggi schlüpft schnell aus dem Bett und huscht nach oben. Silbernes Mondlicht fällt durch das schräge Fenster. Und da schaukelt das Hemd – leicht und luftig, wunderbar rot und völlig trocken. Guggi zieht es gleich an. Dann schwebt sie wieder nach unten. Schwebt ins Zimmer von Tante Gerlinde und stellt sich dort vor den Spiegel. Ja, sie sieht wirklich sehr schön aus. Das rote Hemd steht ihr prächtig. Die anderen werden staunen. Leider schlafen sie immer noch. Schlafen und werden nicht wach. Guggi in ihrem roten Hemd wandert von Bett zu Bett. Aber keiner rührt sich. Keiner macht die Augen auf. Es ist wirklich zu dumm.

Enttäuscht schwebt Guggi in die Küche. Sie ist inzwischen sehr hungrig. Vielleicht findet sie etwas im Kühlschrank. Oh ja – da steht eine Schüssel mit Schokoladenpudding! Die hat Mama wohl schon fürs Mitternachtsessen gekocht. Guggi nimmt sie heraus, holt einen Löffel und setzt sich damit an den Tisch.

Der Pudding schmeckt köstlich. Guggi löffelt und löffelt. Leider kleckert sie ziemlich. Wie immer! Ihr rotes Hemd sieht bald gar nicht mehr schön aus. So ein Ärger! Trotzdem löffelt sie weiter.

Mit einem Mal geht die Tür auf. Mama Gespenst kommt herein und schlägt die Hände zusammen. „Kind, wie siehst du denn aus!", ruft sie entsetzt.

„Ich hatte … ich wollte …", stottert Guggi, „ich hab nur mal den Pudding probiert."

„Den Pudding meine ich nicht", sagt Mama Gespenst. „Ich meine dein rotes Hemd! Wo hast du das her?"

Guggi überlegt, ob sie lieber Aus dem Kleiderschrank oder Vom Dachboden sagen soll. Aber leider verspricht sie sich und sagt stattdessen: „Aus der Speisekammer."

„Aha!", antwortet Mama Gespenst. Sonst nichts. Aber schon schwebt sie in die Speisekammer und kommt mit der halb vollen Flasche Kirschsaft zurück. Sie weiß, was Guggi gemacht hat. Oh, sie ist wirklich sehr schlau.

Und was passiert jetzt? – Na, was meinst du? – Also, Guggi verrät uns kein Wort. Aber als sie bald darauf mit den anderen am Frühstückstisch sitzt, trägt sie wieder ein schneeweißes Hemd. Und sie trinkt Milch! Sie kriegt nämlich heute keinen Kakao.

Golo meint, das soll eine Strafe sein. Gretchen meint, Kakao macht auf weißem Stoff viel schlimmere Flecken als Milch. Opa meint, Guggi ist nun mal ein richtiges Ferkel.

Ja, da haben wohl alle Recht. Und Guggi ärgert sich ein bisschen darüber. Aber zu ihrer Freude erfahren die anderen immerhin nichts von dem Kirschsaft. Denn diese Sache behält Mama für sich.

EIN AUFREGENDER GEBURTSTAG

Familie Gespenst und Familie Vampir sind gute Nachbarn und gute Freunde geworden. Sie helfen sich, wann immer es nötig ist. Sie erzählen sich, was sie erlebt haben. Sie fliegen zusammen aus und oft besuchen sie sich. Wenn einer von ihnen Geburtstag hat, gibt es immer ein großes Fest – entweder oben im Turm oder unten im Keller. Da geht es dann jedes Mal sehr vergnügt zu.

Heute hat Tante Verena Geburtstag. Sie wird zweihundert Jahre alt. Das muss natürlich gefeiert werden. Mama Vampir hat schon tagelang gekocht und gebacken. Papa Vampir hat eine Menge Getränke herbeigeschafft. Opa und Oma Vampir haben die Kerzen besorgt. Und die Kinder haben den ganzen Keller herrlich geschmückt.

Als Familie Gespenst gegen Mitternacht an die Tür klopft, ist der lange Tisch schon festlich gedeckt. Doch zuerst bekommt Tante Verena von den Gästen ihr Geburtstagsgeschenk – einen schwarzen Hut mit einem Kranz roter Rosen. Alle sagen, dass er ihr zu ihren grünen Augen und der schneeweißen Haut ganz wunderbar stehe. Leider kann sie sich selbst damit nicht sehen. Nein, auch nicht im Spiegel. Vampire haben nämlich kein Spiegelbild.

Wenn sie sich vor das blanke Glas stellen, sehen sie darin zwar alle Dinge um sich herum – aber sich selbst sehen sie nicht. Tante Verena ist daran gewöhnt. Doch Familie Gespenst findet die Sache sehr traurig. Nur Onkel Gustav lacht und verschwindet noch einmal nach oben. Mit einem Fotoapparat kehrt er zurück. Irgendjemand hat ihn neulich auf dem Schlosshof liegen gelassen.

Onkel Gustav drückt Tante Verena aufs Sofa und rückt ihr den Hut zurecht. Knips und klick – schon kommt das fertige Bild unten aus dem Fotoapparat heraus. Tante Verena will es sofort in die Hand nehmen und angucken. Zum ersten Mal sieht sie sich selbst! Mit dem neuen Hut auf dem Kopf! Ach, ist das toll! Sie weiß nicht, worüber sie sich mehr freuen soll – über das Bild oder über den Hut.

Nun setzen sich alle zu Tisch. Es gibt Suppe und Salat, Fisch und Fleisch, Kuchen und Plätzchen, Pudding und Eis. Die Gespenster finden zwar, dass alles sehr rot aussieht und ziemlich nach Blut schmeckt. Aber das sagen sie nicht. Mama Vampir hat sich schließlich viel Mühe gegeben. Und die Getränke bleiben hier unten im Keller ja wirklich schön kühl.

„Prost!", sagen alle. „Auf die nächsten hundert Jahre, liebe Tante Verena!" Auch die Kinder stoßen mit an. Kling!, machen die Gläser. Und jeder nimmt einen Schluck.

Dabei hören sie es! Über ihnen rumort etwas. Es poltert und quietscht. Es rumpelt und rumst. Außerdem sind da Schritte. Und Stimmen, Geschrei und Gebrüll. Wer kann das nur sein?

„Es kommt aus dem Rittersaal", sagt Papa Vampir, „und es hört sich nicht gut an."
„Finde ich auch", nickt Mama Gespenst.
„Mir scheint, da oben sind ziemlich viele."
„Wir sollten mal nachsehen!", meint Onkel Gustav. „Am besten sofort."
„Wir gehen mit!", rufen die Kinder. Auf ein kleines Abenteuer haben sie immer Lust.
„Aber haltet euch hinter uns!", bestimmt Opa Vampir.
Und so schleichen nun alle die Treppe hinauf, dann den Flur entlang und auf den Rittersaal zu. Das ist der größte Raum im ganzen Schloss und sie betreten ihn nur selten. Der Lärm, den sie unten gehört haben, wird immer lauter.

Die Gespenster und die Vampire verstecken sich zu beiden Seiten der Tür und gucken verstohlen um die Ecke.
Was sehen sie da?
Eins, zwei, drei, vier, fünf Männer – große, kräftige, finstere Männer mit dunklen Schlapphüten und weiten Mänteln!
Sie haben eine Menge schwerer Koffer und Säcke mitgebracht, auch eine Schubkarre und einen Bollerwagen. Und nun packen sie aus …
Familie Gespenst und Familie Vampir machen große Augen. Es ist nicht zu glauben! Das sind ja wahre Schätze: Schmuck und Uhren und teure Pelze.
„Oh", haucht Gretchen, „ich kenne die Kerle!"
„Ich auch!", flüstert Onkel Gustav. „Das sind …"
„… die fünf Räuber!", ächzt Tante Gerlinde. „Die aus dem Räuberhaus! Was wollen sie bloß hier im Schloss?"
„Ich denke, wir sollten sie fragen", sagt Opa Vampir. „Und wenn uns nicht gefällt, was sie antworten, sollten wir sie schleunigst hinauswerfen."
Alle nicken. Gretchen, Onkel Gustav und Tante Gerlinde besonders eifrig. Sie haben die Räuber schließlich schon einmal verjagt. Und sie würden es liebend gern noch ein zweites Mal tun.
Doch Opa Vampir hält sie zurück.
„Zunächst versuchen wir es im Guten", sagt er. Dann betritt er als Erster den Rittersaal.

„Was wollt ihr hier?", fragt er streng.
Die Räuber gucken erstaunt von einem zum anderen und erkennen dabei weder Gretchen noch Onkel Gustav noch Tante Gerlinde.
Sie sind stark, aber dumm. Und sehr frech.
„Wir wollen hier wohnen", antworten sie. „Das Schloss gefällt uns. Es hat Platz für uns und die Sachen, die wir mitgebracht haben."
„Du meinst wohl gestohlen", sagt Onkel Gustav. „Ihr seid Diebesgesindel! Das wissen wir wohl."
„Na und?", lachen die Räuber. „Wir sind, was wir sind!"
„Macht, dass ihr wegkommt!", verlangt Papa Vampir.
Doch die Räuber schütteln energisch die Köpfe. „Wir denken nicht dran! Wir bleiben, so lange wir wollen."
„Von wegen!", faucht Tante Verena.

„Ihr werdet noch froh sein, wenn ihr heil aus dem Schloss kommt."
Und jetzt geht es los: Familie Vampir und Familie Gespenst sind nicht mehr zu halten. Die einen blecken ihre grässlichen Zähne. Die anderen heulen ihre schrecklichsten Töne. Opa Vampir verwandelt sich in einen Wolf. Onkel Gustav nimmt seinen Kopf ab. Tante Verena flattert als Fledermaus bis zur Decke. Oma Gespenst stürzt sich vom Kronleuchter. Und auch die Kinder zeigen, was sie gelernt haben.
Den Räubern vergeht Hören und Sehen. Eine Weile sind sie vor Schreck wie erstarrt. Dann ziehen sie sich ihre Schlapphüte über die Ohren und laufen, so schnell sie können, davon. Koffer und Säcke, Schubkarre und Bollerwagen, ja, ihre ganze Beute lassen sie einfach zurück.
Erst allmählich kommen Familie Gespenst und Familie Vampir wieder zu Atem. Die Großen und die Kleinen strahlen vor Freude und Stolz. Das haben sie gut gemacht – jeder für sich und alle zusammen! Die Räuber sind fort und kommen bestimmt nicht mehr wieder.
„Du meine Güte", seufzt Tante Verena, „das war ein aufregender Geburtstag! Aber er hat mir gefallen, besonders der Schluss."
„Es muss noch gar nicht der Schluss sein", sagt Mama Gespenst. „Was haltet ihr von einem Tänzchen im Mondschein?"
Oh, davon halten alle sehr viel! Gleich drängeln sie aus dem Rittersaal, den Flur entlang und durch das große Portal. Draußen auf dem Schlosshof reichen sie sich die Hände und drehen sich schwebend im Kreis, zuerst knapp über dem Boden, dann höher und höher hinauf – bis zum Dach, bis zum Turm, Richtung Mond.

Bibliografische Information Der Deutschen Bibliothek
Die Deutsche Bibliothek verzeichnet diese Publikation
in der Deutschen Nationalbibliografie;
detaillierte bibliografische Daten sind im Internet über
http://dnb.ddb.de abrufbar.

4 3 2 1   08 07 06 05

© 2005 Ravensburger Buchverlag Otto Maier GmbH
Postfach 1860 · 88188 Ravensburg
Illustration: Maria Wissmann
Text: Ingrid Uebe
Redaktion: Annett Stütze
Printed in Germany
ISBN 3-473-33063-9
www.ravensburger.de